Este libro pertenece a

....

Me lo ha regalado

....

El día

....

Proyecto y dirección editorial: María Castillo
Coordinación técnica: Teresa Tellechea
Diseño: Carmen Corrales

© del texto: Rocío Antón y Lola Núñez, 2002
© de las ilustraciones: Mikel Valverde, 2002
© Ediciones SM, 2002 - Joaquín Turina, 39 - 28044 Madrid

Comercializa: CESMA, SA - Aguacate, 43 - 28044 Madrid
ISBN: 84-348-8655-3
Impreso en España / *Printed in Spain*

Todo esto
es solo mío

sm
infantil

SPANISH
EASY
ANTON, R

3 1257 01620 6566

ESTE JARDÍN Y ESTE PARQUE,
ESTA CHARCA Y ESTE HUERTO,
SON DEL GIGANTE RUPERTO.

VIVÍA SOLO EL GIGANTE,
POR SER **TACAÑO** Y **GOLFANTE**,
EGOÍSTA Y **ARROGANTE**.

CUANDO EL **MIRLO** LE PIDIÓ:

—DON GIGANTE, POR FAVOR,
¿PUEDO COMER DE ESAS FRUTAS
QUE TIENEN TAN BUEN OLOR?

EL **GIGANTE** RESPONDIÓ:
—CADA FRUTA DE ESTE HUERTO
SOLO ME LA COMO YO.

Y LA FRUTA SE ESFUMÓ.

CUANDO LA **ABEJA** PIDIÓ:

—DON GIGANTE, ¿CÓMO ESTÁ?
¿PUEDO LIBAR DE SUS FLORES
PARA LA MIEL FABRICAR?

EL **GIGANTE** RESPONDIÓ:
—CADA UNA DE ESTAS FLORES SOLO LA PUEDO OLER YO.

Y EL JARDÍN SE MARCHITÓ.

11

CUANDO LA **ARDILLA** PIDIÓ:

—¡DON GIGANTE, BUENOS DÍAS!
¿PUEDO COGER DEL ALMENDRO
ALMENDRAS PARA MIS CRÍAS?

EL **GIGANTE** RESPONDIÓ:
—CADA ALMENDRA DE ESTE ÁRBOL
NO LA COJO MÁS QUE YO.
Y EL ALMENDRO SE SECÓ.

13

CUANDO LA **RANA** PIDIÓ:

—DON GIGANTE, ¿QUÉ HAY DE NUEVO?
¿PUEDO NADAR EN SU CHARCA
Y PONER ALLÍ MIS HUEVOS?

EL **GIGANTE** RESPONDIÓ:
—CADA GOTA DE ESTA CHARCA
SOLO LA DISFRUTO YO.

Y EL AGUA SE CONGELÓ.

EL **GIGANTE** VIO APENADO
EL **JARDÍN SECO**, LA **CHARCA**;
Y EL **ALMENDRO** DESHOJADO.

Y EL **VIENTO NORTE** RUGIÓ:

—¡RUPERTO, ME HAS OFENDIDO!

POR EGOÍSTA, HAS PERDIDO
LAS DULCES FRUTAS DEL HUERTO,
LAS FLORES DE TU JARDÍN,
LAS ALMENDRAS DE TU ALMENDRO
Y EL FLUIR DEL AGUA CLARA.
¿POR QUÉ NO CAMBIAS, RUPERTO?

Y RUPERTO DECIDIÓ
LLAMAR PRIMERO A LA **RANA**,
PARA **CORREGIR SU ERROR.**

Y EL HIELO **SE DERRITIÓ.**

Y RUPERTO DECIDIÓ
LLAMAR DESPUÉS A LA **ARDILLA**,
PARA CORREGIR SU ERROR.

Y EL TRISTE ALMENDRO **BROTÓ.**

21

Y RUPERTO DECIDIÓ,
LUEGO, LLAMAR A LA **ABEJA**,
PARA CORREGIR SU ERROR.

Y EL GRAN JARDÍN **FLORECIÓ.**

Y RUPERTO DECIDIÓ
LLAMAR POR ÚLTIMO AL **MIRLO**,
PARA CORREGIR SU ERROR.

Y EL HUERTO **DE FRUTA SE LLENÓ.**

Y POR FIN LA PRIMAVERA
LLEGÓ A CASA DEL GIGANTE
TRANSPORTANDO EN SU CARTERA
CIEN MIL COSAS IMPORTANTES:

HOJAS, FLORES, AMISTAD,
TRINOS, FRUTAS Y BONDAD.

Leer y compartir

Con todos los títulos de la colección, es aconsejable proceder del siguiente modo:

- **Primera lectura.** Leer el cuento despacio, marcando la rima, así como las partes que se repiten, y animar a los niños a que acompañen la lectura diciendo de forma espontánea los versos que recuerden.

- **Segunda lectura.** Detenerse en cada página y conversar sobre el contenido de la rima y la ilustración. Pedir a los niños que digan qué elementos, tanto del texto como de la ilustración, les permiten predecir lo que sucederá.

- **¿Qué harías tú si...?** Plantear sencillas improvisaciones, en las que se recojan situaciones reales o fantásticas, donde sean los propios niños quienes resuelvan conflictos habituales; por ejemplo: cómo demostrar a alguien, sin gritos ni violencia, que debe cooperar o compartir sus cosas.

- **Educar en valores.** En el cuento que da origen a esta historia, el Gigante egoísta pierde todo lo que tiene por no compartirlo con los demás. Cuando cambia de actitud vuelve a disfrutar de todo lo que tenía antes, además de la amistad de los que le rodean. En este caso, los valores que se muestran ponen el acento en lo siguiente:

  - La generosidad para compartir lo que uno tiene con los que le rodean, frente a la avaricia.

  - La idea de que, al compartir, no perdemos lo que poseemos, sino que ganamos bienestar personal y amistad.

Jugar en familia

- Llamar la atención de los niños y niñas sobre las cosas que comparte una familia: los objetos de uso cotidiano, la comida, el cariño, la colaboración, la ayuda de todos sus miembros a aquel de ellos que lo necesita en cada momento...

- Valorar de forma muy positiva las actitudes de generosidad que muestren los niños con su amigos, con sus hermanos, etc.

Juguetes para compartir

- Revisar los juguetes que los niños poseen y elegir aquello se usan poco (es importante que los juguetes no estén ro que no les falten piezas). Limpiarlos y entregarlos a niñ familias con pocos recursos.

- Aunque es muy difícil, se podría plantear que, cuand niños reciban muchísimos regalos (Navidad o cumplea dejen uno sin estrenar para compartirlo con otros menos tunados. Se puede dar ejemplo entregando ropa u otros mentos a personas que lo necesiten.

Jugar en el cole

Juego de amistad: *El amigo invisib*

Para llevar a cabo este juego, proceder del siguiente modo

- Meter papelitos con los nombres de todos los niños y niñ una bolsa. Pedir a cada uno que coja un papel y lo le decir el nombre a nadie.

- Establecer tiempo para el juego; por ejemplo: una sem Durante ese período, cada niño deberá prestar atención e cial a su amigo invisible.

- Explicar a los niños y niñas que no se trata de regalar obj al amigo invisible, sino otro tipo de cosas como: escuch con atención cuando lo necesita; ayudarle cuando tiene cultades; prestarle los materiales; jugar con él o con ella.

- Al final de la semana, se descubrirá quién era el amigo in ble de cada uno y se comentará colectivamente la experie (cómo se han sentido cuando se han ocupado de otros y cu do han recibido atención de su amigo).

- Como cierre de la actividad, se puede recoger la experie en un libro o en un mural en el que se expresen los siguie aspectos de la experiencia:

  - Qué han hecho por su amigo.
  - Cómo se han sentido dando y recibiendo.
  - Qué han recibido de su amigo.